이야기대화식으로 재미있게 배우는 아름다운 십대 성경공부

인생수업

301시리즈 4

이대희 지음 · 바이블미션 편

엔크리스토 ENCHRISTO

아름다운 십대 성경공부 시리즈 교재의 특성

1_ 십대들이 꼭 알아야 할 핵심내용과 성경적인 가치관과 세계관을 정립하는 성경공부입니다.

2_ 귀납적 형태를 띤 이야기대화식으로 탐구능력을 키우고 생각을 점차 열리게 하는 흥미로운 성경공부입니다.

3_ 자유로운 토의와 열린 대화를 활발하게 하는 소그룹에 적합한 성경공부입니다.

4_ 영적 사고력과 해석력과 분별력을 키우면서 스스로 적용능력을 점차 극대화 시켜주는 성경공부입니다.

5_ 본문 중심 성경공부로 성경 이야기 속으로 빠져 들어 말씀의 성육신을 경험하는 성경공부입니다.

6_ 흥미와 재미를 갖도록 주제가 구성되어 있고 모두가 쉽게 참여하면서 영적 깊이와 변화를 체험하게 하는 전인적인 성경공부입니다.

7_ 성경공부를 통하여 자연스럽게 학과공부와 전인교육에 필요한 논술력, 사고력, 상상력, 창의력, 응용력을 함께 개발시키는 성경공부입니다.

8_ 분반공부와 제자훈련의 시간(30분, 1시간, 1시간 30분)을 탄력적으로 상황에 따라 운영하며 사용할 수 있는 성경공부입니다.

9_ 15년 동안 준비하고 실험한 성경공부 사역 전문가에 의하여 검증된 효과적인 공부 방법과 총체적이며 전인적인 교과과정이 체계적으로 구성된 신뢰할 만한 성경공부입니다.

아름다운 십대 성경공부 시리즈 전체 양육과정표

십대는 인생의 미래를 결정하는 가장 중요한 시기입니다. 믿음의 기초와 바른 가치관과 기독교적 세계관이 형성되는 인생의 주춧돌을 쌓는 시기입니다.

'아름다운 십대 성경공부 시리즈'는 1년 단위로 3년 동안 중 · 고등부가 함께 사용할 수 있게 구성되었습니다. 기본적인 양육과정의 틀은 십대자아, 신앙세움, 십대생활, 십대문화, 성경인물입니다. 십대에 맞는 5개의 핵심주제를 균형있게 설정하여 3년 동안 주제를 점차 심화하고 확장하면서 전인적이고 통전적인 신앙인으로 자라가도록 구성하였습니다. 전체적인 양육 커리큘럼을 그리면 다음과 같습니다.

양육주제	101시리즈	201시리즈	301시리즈
십대자아	자기 정체성	가치관	비전과 진로
신앙세움	복음 만남	믿음뼈대	신앙원리
십대생활	신앙생활	십대생활	생활열대
십대문화	멋진 사춘기	유혹탈출	인생수업
성경인물	예수의 사람	하나님의 사람	성령의 사람

● 각 권은 10과-12과로 구성되어 있으며 3년 과정으로 중 · 고등부가 학년에 상관 없이 모두 사용할 수 있습니다. 과정을 계속하여 사용하기를 원하시면 중 · 고등부와 청장년이 함께 사용할 수 있는 '투데이 성경공부 시리즈'(이대희 저, 엔크리스토)에서 필요한 주제를 선택하여 교과과정을 자체적으로 구성하여 사용할 수 있습니다.

● 교재 사용중 의문 사항은 ckr9191@hanmail.net로 메일을 보내시거나 바이블미션(031-702-9078, 016-731-9078, www.bible91.org)에 문의하시면 친절히 답변해드리겠습니다.

● 지도자 훈련 세미나 : 지도자와 교사를 위한 훈련 세미나. 내용은 홈페이지 참조.

앞에 오는 글

위대한 하나님의 꿈을 꾸는 아름다운 십대여!

십대는 꿈을 꾸는 시기입니다. 얼마나 바른 꿈을 꾸며 그것을 위해 노력하고 훈련하는가에 따라 미래가 결정됩니다. 특히 이때 하나님께서 주신 뜻을 찾기 위해 성경공부를 하는 것은 정말 소중한 일입니다. 십대는 인생의 방향을 결정하는 중요한 시기이므로 이 시기를 특별하게 생각하고 고귀하게 보내야 합니다.

그러나 교회학교 교육은 이런 소중한 시간에 우리의 십대들이 말씀에 재미를 느끼고 인생을 계획하는 데 구체적인 지침을 마련해주지 못해 너무나 안타깝습니다. 십대 때 꿈을 발견하고 가꾸지 못하면 나중에는 갈팡지팡하며 방향을 잃고 방황하게 됩니다. 그러므로 이 시점에서 '아름다운 십대 성경공부 시리즈'는 꼭 필요하다고 생각합니다.

아름다운 꿈은 거저 얻을 수 없습니다. 남이 가르쳐주거나 사회가 알려주는 것도 아니고 학교에서 배우는 것도 아닙니다. 꿈은 오직 하나님만 가르쳐주실 수 있습니다. 우리가 꾸는 꿈은 전적으로 하나님의 꿈이어야 합니다. 하나님께서 보시기에 아름다운 것이어야 합니다. 그러려면 우리는 당연히 성경으로 돌아와서 나에게 향하신 하나님의 꿈을 발견해야 합니다. 말씀 안에서 인생관과 세계관을 설정하고 그것을 위해서 부단히 땀을 흘려야 합니다. 모쪼록 이런 귀중한 일에 이 성경공부 교재가 쓰이길 바랍니다. 알고보면 이것처럼 신나고 보람된 일은 없습니다. 이 교재를 통해 놀라운 하나님의 음성을 듣고 하나님께서 원하시는 아름다운 인생의 꿈을 발견하기를 간절히 바랍니다.

하나님의 위대한 인물을 꿈꾸며 나가는 훌륭하고 아름다운 십대들을 위해 수고하시는 교역자와 교사들과 이 교재를 사용하는 모든 교회 현장과 삶의 자리에서 하나님의 큰 도우심이 있기를 기도합니다. 이 교재를 위해서 수고한 많은 사랑하는 동역자들에게 감사드립니다.

오직 주님께 영광을…….

이대희

들어 가면서

학교는 공부하는 법을 가르쳐 주지만 신앙은 인생을 살아가는 법을 가르쳐 줍니다. 진정한 학교는 인생을 가르쳐 주어야 합니다. 그럼에도 우리들의 학교는 슬프게도 지식 공부에 치중하고 있습니다. 또한 기술에 집중하고 있습니다. 그러다 보니 인간성이 파괴되고 인간의 모습은 점차 부패하고 흐트러집니다.

하나님의 관심은 사람입니다. 물질을 위해 사람이 존재하는 것이 아니라 사람을 위해서 물질이 존재합니다. 세상의 모든 물질로 어떻게 하면 인간다운 삶을 살 수 있는지를 고민하고 그것을 이루어야 합니다. 여기에 제시된 인생 수업은 평생동안 인간이 되어 가는 과정을 그리면서 함께 공부하는 특별한 교과입니다. 어떻게 하면 하나님의 형상을 닮은 인간으로서 성장해나갈 수 있는지 그 지침을 말해 주고 있습니다. 우리는 사람을 구성하고 있는 마음과 생각과 몸과 인격과 재능을 하나님의 나라를 위해서 사용하는 사람이 되어야 합니다. 이 과정을 공부하면서 우리는 각자 자기 인생을 그려가며 어떻게 준비하고 공부해야 하는지 생각하는 행복한 시간을 가질 것입니다. 다른 사람에 대한 것이 아닌 나 자신에게 초점을 맞추면서 나를 찾아 가는 의미있는 여행이 되기를 바랍니다.

인생 수업

차 례

• 잠깐 쉼터

인생의 세 가지 질문

세상에서 가장 중요한 때는
바로 지금 이 순간이란다.
가장 중요한 사람은
지금 너와 함께 있는 사람이고
가장 중요한 일은
지금 내 곁에 있는 사람을 위해 좋은 일을 하는 거야.
니콜라이야
바로 이 세 가지가
이 세상에서 가장 중요한 것들이란다.
그게 우리가 이 세상에 있는 이유야

—톨스토이 《세 가지 질문》 중에서

전인적 삶 01

예수께서 이르시되 네 대답이 옳도다 이를
행하라 그러면 살리라

— 누가복음 10:28

마음을 여는 & 대화

다음은 무지개 탄생에 대한 미국의 우화입니다.

아주 오랜 옛날, 색깔들 사이에 말다툼이 벌어졌다. 서로 자신이 세상에서 가장 중요하고 쓰임새가 많다고 우겼다. 초록이 말했다. "나는 생명의 상징이지. 나는 세상의 모든 잎사귀들에게 선택받았어." 파랑이 나섰다. "땅에서 그럴 뿐이야. 하늘과 바다를 봐. 온통 파랗잖아?" 노랑이 비웃었다. "해도 달도 모두 노란색이야. 해바라기를 보면 온 세상은 미소를 짓지."

주황이 말했다. "나는 건강과 힘의 색! 나는 비타민을 갖고 있어." 빨강이 참다못해 외쳤다. "피가 없으면 사람들은 죽고 말지. 나는 정열과 사랑 색이란 말이야!" 보라가 벌떡 일어나 말했다. "세상의 왕들은 모두 나를 선택하지. 내가 권력과 지혜의 상징이기 때문이야." 마지막으로 남색이 침착하지만 힘있는 목소리로 말했다. "나는 고요함의 색이야. 나는 균형을 뜻하지. 마음의 평화를 위해서는 내가 필요해." 입씨름이 점점 더 심해지고 있을 때 갑자기 한줄기 섬광과 함께 천둥이 치고 비가 쏟아지기 시작했다. 색깔들은 무서워서 서로 바짝 기대었다. 비가 큰 소리로 외쳤다.

"쓸데없이 잘난 척하는 꼴이라니! 너희들은 세상에서 모두 중요하고 각자 다 쓸모가 있어. 서로 손을 잡고 나에게 가까이와 봐." 색깔들이 손을 잡자 이루 말할 수 없이 아름다운 무지개가 되었다. 비가 웃으며 말했다. "이제 다함께 하늘을 향해 손을 뻗어 봐. 혼자서도 아름답지만 함께 어울렸을 때는 더 아름답고 영원한 희망의 상징이 될 거야."

● 위의 이야기를 읽고 '아름다운 인간의 삶이란 무엇인가?' 에 대해서 말해 보십시오.

말씀 이야기 나누기

누가복음 10:25-37을 읽고 서로 이야기를 나누어 보십시오.

1. 율법사가 예수님을 시험하여 물은 질문에 대해서 예수님이 제기한 첫 번째와 두 번째 질문은 무엇입니까?(25-26)

2. 율법사가 대답을 잘하는 것을 보고 세 번째 요구한 내용은 무엇입니까?(27-28)

3. 율법사는 예수님의 질문과 요구사항을 잘 이해하지 못하고 오히려 자기를 옳게 보이려고 했습니다. 예수님은 율법사에게 말씀의 의미를 잘 이해시키기 위해 해석을 돕는 비유(이야기)를 제시하고 있습니다. 그 내용이 무엇입니까?(29-35)

4 예수님은 이야기를 들려준 후 다시 질문을 했는데 그 내용은 무엇입니까?(36)

5 율법사의 대답과 예수님이 제시한 해결책을 말해 보십시오.(37)

생각을 깊게 하는 대화

1_ 성경은 하나님과 이웃을 어떻게 사랑하라고 말합니까? "마음과 목숨과 힘을 다하여" 라는 말과 "내 몸처럼" 이라는 말의 의미를 정리해 보십시오.(참고, 신 6:4-9)

2_ 예수님이 강팍한 율법사를 변화시키기 위하여 어떤 교육방법을 사용했는지 말해 보십시오. 예수님이 질문하신 내용, "율법에 무엇이라 기록되었느냐?", "네가 어떻게 읽느냐?", "누가 강도 만난 자의 이웃이 되겠느냐?"는 질문과 "이를 행하면 살리라", "가서 너도 이와 같이 하라" 등의 권면을 통하여 어떻게 하면 전인적인 삶의 변화를 이룰 수 있는지 정리해 보십시오.

생활 속에서 실천하기

1_ 사람은 크게 세 가지 과정을 통하여 전인적인 삶의 변화가 일어납니다. 즉 지식(무엇을)－지혜, 깨달음(어떻게)－적용(행하라)입니다. 나는 어떤 문제를 해결할 때 세 과정 중에서 어느 부분이 약합니까?

지

정

의

2_ 전인적인 삶의 변화를 위해서 가장 중요하게 생각해야 할 과정이 '깨달음' 입니다. 사실을 알고 그것을 해석하는 과정에서 이야기가 차지하는 비중은 큽니다. 이야기를 들으면서 마음의 감동과 깨달음을 많이 얻게 됩니다. 나는 성경의 이야기를 얼마나 알고 적용하고 있습니까?

3_ 오늘 말씀을 통하여 특별히 깨달은 내용은 무엇입니까?

변화된 인간인가, 탁월한 기능인인가?

목표 달성이나 성공의 유무에 목표를 두고 인간을 교육한다면 이미 그 교육은 잘못된 길을 가고 있는 것입니다. 그런 교육을 받으면 받을수록 오히려 인간은 점점 더 비참해지는 상황에 이르게 됩니다. 학교가 상품을 만들어내는 공장이 되면 안 됩니다. 물질을 위해 인간이 존재하는 것이 아니라 인간을 위해 물질이 존재합니다.

하나님이 세상을 만드실 때 인간을 맨 마지막에 만드셨습니다. 모든 우주와 자연을 만드시고 마지막에 인간을 만드셔서 자연을 잘 관리하고 다스리라는 명령을 내리셨습니다. 인간은 언제나 물질 위에 존재합니다.

교육의 중심은 인간입니다. 모든 교육의 목적은 인간의 삶의 변화에 초점이 맞춰져 있습니다. 생명의 구원을 얻지 못하고 진정한 자기를 발견하지 못한 상황에서 많은 지식과 배움은 오히려 인간을 더 불행하게 만듭니다. 인간의 변화가 아닌 업적과 목표달성에 인간이 이용되는 것은 인간성을 파괴시키는 죄악입니다. 교육은 부분적인 변화가 아닌 전인적인 변화가 이루어져야 합니다. 단번에 이루어질 수 없는 평생에 걸친 작업일지라도 인간 전체를 바라보면서 교육해야 합니다. 인간의 삶에 전인적인 변화를 이루는 것이 아닌 기능인이나 전문가로서 이해하고 가치를 매긴다면 그것은 창조질서를 어기는 결과요 인간을 더욱더 불행하게 만드는 일이 됩니다. 무엇이 우선순위인가요? 그 목표를 분명히 알고 인생수업을 해야 합니다. 우리가 이루어야 할 하나님의 형상은 전인적인 삶을 의미합니다.

● 잠깐 쉼터

머리와 가슴을 함께

살다 보면 내가 어디로 가고 있는지 전혀 알 수 없을 때가 있습니다. 논리나 두뇌만으로는 옳은 선택을 할 수 없을 뿐 아니라 바른 길도 찾을 수 없을 때가 종종 있습니다. 머리의 판단에 귀를 기울이는 것도 중요하지만 마음의 판단에도 귀를 기울여야 합니다.

필요한 도구는 머리와 마음속에 모두 있습니다. 다만 어떤 판단을 할 때는 머리와 마음을 함께 써야 합니다. 몸과 마음을 다해 몰두하다 보면 앞길이 서서히 윤곽을 드러내게 될 것입니다. 내가 어려서 배운 중요한 교훈 중 하나는 자기가 좋아하는 일을 하라는 것입니다. 그렇지 않다면 숫제 안 하는 것이 낫습니다. 남들을 기쁘게 하기 위하여, 남들의 잣대로 높이 평가되기 때문에, 아니면 단지 논리적인 이유 하나로 선택하지는 마십시오.

그보다는 머리와 마음, 즉 당신의 모든 것을 던질 수 있는 것이 선택의 이유가 되어야 합니다. 우리에게는 선택의 자유가 있다는 것을 잊지 마십시오. 자유를 최대한 만끽하기 위해서는 머리와 가슴을 함께 사용해야 합니다."

—칼리 피오리나 (휴렛 패커드사 최고경영자)

마음 02

입으로 들어가는 것이 사람을 더럽게 하는 것이
아니라 입에서 나오는 그것이 사람을
더럽게 하는 것이니라

— 마태복음 15:11

마음을 여는 & 대화

제2차 세계대전 중에 남편과 함께 캘리포니아 사막으로 간 젊은 아내가 있었습니다. 그녀는 동부에서 자라났기 때문에 사막은 그녀에게 외딴 곳이요, 황량하기 그지없는 곳으로 보였습니다. 그들이 생활한 곳도 나을 게 없었습니다. 그들이 발견한 집은 인디언들이 사는 마을 가까이 있는 오두막집이었고 그곳에 있는 사람들은 아무도 영어를 하지 못했습니다. 그녀는 거기서 매일 찌는 듯한 더위를 꾹 참으며 홀로 많은 시간을 보냈습니다. 남편이 장기간 멀리 떠나 있었을 때 그녀는 자신의 엄마에게 집으로 돌아갈 것이라고 편지를 썼습니다. 며칠 후에 그녀는 이런 답장을 받았습니다.

"두 사람이 감옥 창살 밖을 바라보았다.
한 사람은 진흙을, 다른 한 사람은 별들을 보았다."

- 위의 이야기를 통하여 나의 마음 상태는 어떤지 서로 말해 보십시오.

말씀이야기 나누기

마태복음 15:1-20을 읽고 서로 이야기를 나누어 보십시오.

1. 바리새인과 서기관들이 예수님에게 제자들의 어떤 문제를 제기했습니까?(1-2)

2. 예수님이 제시한 바리새인의 문제점들은 무엇입니까?(3-6)

3. 바리새인들이 외형만 추구하고 진정한 삶의 변화를 일으키지 못하는 이유는 무엇입니까? 이미 성경에 기록된 예언을 말해 보십시오.(7-9)

4 예수님은 성경의 예언 말씀을 바리새인들에게 비유로 해석해 주셨습니다. 어떤 내용입니까?(10-14)

5 제자 베드로가 비유를 해석해달라고 주님께 요청했습니다. 그것에 대해 주님이 어떻게 답을 주셨는지 말해 보십시오.(15-20)

입으로 들어가는 것이 사람을 더럽게 하는 것이 아니라
입에서 나오는 그것이 사람을 더럽게 하는 것이니라

생각을 깊게 하는 대화

1_ 모든 것은 마음에서 시작됩니다. 보이는 악한 행동들은 모두 보이지 않는 마음에서 나오는 것입니다. 인간의 사악한 마음이 그대로 존재하는 한 행동의 변화는 일어나지 않습니다. 인간 안에 숨어 있는 악한 마음의 모습을 말해 보십시오. 왜 이런 현상이 인간에게 일어납니까?(참고, 롬 1:21-31)

2_ 마음의 변화가 일어나지 않으면 생각과 행동의 변화는 일어날 수 없습니다. 어떻게 해야 인간이 새 마음을 가질 수 있습니까?(참고, 롬 12:1-2; 엡 4:17-24; 롬 10:8-10)

3_ 부패된 인간의 마음을 새롭게 하지 않고 그 무엇을 하는 것은 마치 모래 위에 집을 짓는 것과 같은 어리석은 일입니다. 진정한 삶의 변화를 이루기 위해서는 우선 마음에서 회개가 일어나야 합니다. 마음의 변화가 먼저 일어난 예들을 찾아보십시오.(참고, 행 9:19-22; 눅 15:17-21; 마 5:8)

생활 속에서 실천하기

1_ 나는 하나님을 경외하는 마음이 얼마나 있습니까? 혹시 두 마음을 품고 있지 않습니까?

2_ 하나님을 경외하고 사랑하면 지혜가 따르게 됩니다. 하나님을 마음에 둘 때 하나님 뜻에 합당한 생각을 하게 됩니다. 내 마음을 청결히 하기 위해 나는 무엇을 해야 합니까?

3_ 행동보다도 마음을 먼저 고쳐야 합니다. 청결한 마음을 가지면 누구든지 하나님을 볼 수 있습니다. 나의 마음과 행동이 일치하지 못하고 위선적이었던 적이 있다면 솔직하게 말해 보십시오. 아울러 원인도 찾아보십시오.

사람에게 있는 첫 번째 문

우리가 생각하고 행동하고 결정하는 일차적인 곳이 마음입니다. 우리가 듣고 받아들이는 지식과 정보, 심지어 다른 사람의 생각과 행동까지도 마음에서 결정되고 선택됩니다. 마음에서 거절하면 어떤 것도 접수가 안 됩니다. 마음은 사람에게 들어오는 모든 것을 판단하고 선택하는 출입문이나 접수처와 같습니다. 일단 마음에서 거절당하면 생각과 행동으로 들어오기 힘듭니다. 마음의 문을 닫고 있으면 어떤 것을 강제적으로 주입한다 해도 들어올 수 없습니다. 우리가 배우고 듣고 보는 대부분의 것이 이곳 마음에서 검토됩니다. 여기에서 수용하든지 아니면 무시됩니다. 일단 마음의 문을 열어야 합니다. 그렇지 않으면 어떤 것도 우리 속으로 들어오지 않습니다.

대통령에게 탄원서를 수없이 보내지만 비서실에서 거절하고 무시하면 아무리 노력해도 대통령에게 직접 전달되기 어렵습니다. 마찬가지로 사람에게는 마음의 문이 있는데 이것을 일차적으로 열어야 합니다. 아무리 합당하고 논리적이라 해도 마음에서 거절하고 문을 닫아 버리면 우리 속으로 들어올 수 없습니다 .

그동안 우리는 마음을 먼저 두드리기보다는 생각과 머리로 접근하기를 선호했습니다. 교육의 대부분이 마음과 상관없이 지식과 정보를 머리에 강제적으로 주입하는 방식으로 행해졌습니다. 이것은 본질적인 사람의 상태를 무시한 것입니다. 이제부터는 모든 것을 마음에서 시작해야 하고 그 마음의 문을 여는 데 힘을 쏟아야 합니다.

"여호와께서 사람의 죄악이 세상에 관영함과 그 마음의 생각의 모든 계획이 항상 악할 뿐임을 보시고" (창 6:5).

• 잠깐 쉼터

창의적인 생각

어느 회사 신입사원 채용면접에서 면접관이 이런 질문을 했습니다.

"당신이 폭풍우가 거칠게 몰아치는 한밤중에 차를 몰고 가다 버스정류장을 지나가게 되었다. 버스정류장에는 세 사람이 버스를 기다리고 있었다. 곧 죽을 것같이 보이는 할머니, 언젠가 당신의 생명을 구해준 오래된 친구, 항상 꿈꾸어 온 완벽한 미모의 여자. 당신은 한 사람만 차에 태울 수 있다. 누구를 태워 주겠는가?"

중병이 든 할머니를 태워 준다면 할머니의 생명을 약간 더 연장시켜 줄 수 있습니다. 생명을 구해주었던 옛친구를 태우면 그에게 보답을 하는 기회로 삼을 수 있습니다. 또 꿈에 그리던 미모의 여인을 태울 수도 있습니다. 면접관은 응시자들의 답을 기다렸습니다.

200명의 응시자 중에 유일하게 합격한 정답은 바로 이것이었습니다.

"자동차의 키를 친구에게 주어 할머니를 병원으로 모시고 가도록 부탁하겠습니다. 그러고 나서 그 자리에 남아 꿈에도 그리던 여인과 함께 언제 올 지 모를 버스를 기다리겠습니다."

생각 03

육신의 생각은 사망이요 영의 생각은
생명과 평안이니라

— 로마서 8:6

마음을 여는 & 대화

다음의 지시사항대로 실험해 보십시오.

1단계—모두 가만히 앉아서 눈을 감고 아무것이나 잠시 생각해보라고 권하라.

2단계—인도자가 다음과 같이 그룹원들에게 말한다.

"어떤 상황에서도 강아지를 생각하면 안 됩니다."

인도자는 강아지에 대해서 장황하게 설명하라. 예를 들면 귀여운 코, 흔들거리는 꼬리, 짖어대는 소리 등등. 그리고 계속 강아지에 대해서 생각하지 말라고 주지하라.

3단계—이야기 주제를 독수리로 바꾸어 이야기를 하되 앞의 방법처럼 독수리를 생각하면 안 된다고 말하라. 그리고 독수리에 대해서 여러 가지를 설명하라. 매서운 눈. 높이 나는 모습, 위엄을 갖춘 깃털과 부리 등.

4단계—처음에 말한 강아지에 대해서 생각나는 것을 물어 보라.

(첫 번째 이야기보다는 오히려 다음 이야기가 더 잘 기억된다. 재미있게 한다면 더 그럴 것이다. 또 생각하지 말라고 한다고 해서 생각이 안 나는 것이 아니다.)

토의

1) 생각이 어떻게 변화되었습니까? 잘못된 생각을 버릴 수 있는 길은 없습니까?

2) 갈라디아서 5:16-18을 읽고 정리해 보십시오.

말씀이야기 나누기

로마서 8:3-15을 읽고 서로 이야기를 나누어 보십시오.

1. 왜 예수님이 육신의 모습으로 오셔서 십자가에서 죽으셨습니까?(3-4)

2. 사람은 생각의 동물입니다. 인간은 늘 두 종류의 생각을 하게 되는데 그것이 무엇입니까?(5)

3. 육신의 생각과 영의 생각의 차이점을 서로 비교해 보십시오.(6-8)

4. 우리 안에 하나님의 영이 거하면 우리의 생각이 어떻게 됩니까? 아울러 영의 생각이 거하면서 우리에게 어떤 변화가 일어납니까?(9-11)

5. 인생에서 승리하기 위해서는 먼저 바른 생각을 가져야 합니다. 어떤 생각으로 살아야 되는지 말해보고 아울러 그것이 주는 삶의 유익을 말해 보십시오.(12-17)

육신의 생각은 사망이요

영의 생각은 생명과 평안이니라

생각을 깊게 하는 대화

1_ 사람은 생각하는 대로 움직입니다. 그러므로 어떤 생각을 하느냐가 우리의 삶을 결정합니다. 바른 삶을 살기 위해서는 먼저 올바른 생각을 하도록 해야 합니다. 올바른 생각이란 구체적으로 무엇을 의미하는지 말해 보십시오.

2_ 우리는 잘못된 생각을 가지고 판단하기에 실패하게 됩니다. 모든 실패는 잘못된 생각과 판단에서 나오는 것입니다. 죄인된 인간은 잘못된 판단을 할 수밖에 없는데 그 이유는 무엇이며 그것을 해결하기 위한 방안은 무엇인지 말해 보십시오.

3_ 생각의 전환이 삶을 송두리째 바꾸게 됩니다. 대부분의 걱정은 잘못된 생각에서 나오는 경우가 많습니다. 나의 생각을 포기하고 하나님의 생각으로 전환되어야 하는데 그 이유는 무엇입니까? 또 나의 생각을 포기하기 어려운 이유는 무엇입니까?

생활 속에서 실천하기

1_ 나의 생각은 어디에 속해 있습니까? 육신의 생각입니까, 영의 생각입니까?

2_ 나를 오랫동안 지배하고 있는 육신의 생각은 어떤 것입니까? 왜 그 생각을 버리지 못하는지 말해 보십시오(예를 들면, 시기와 질투, 욕심, 음란한 생각 등등). 육신의 생각을 몰아내기는 어렵습니다. 그것을 말씀으로 대치해야 합니다. 생각에 말씀을 채우기 위한 실천 계획을 세워 보십시오.(골 3:2, 6-7, 16)

3_ 육신으로 오셔서 나를 위해 죽으신 예수님을 묵상하며 나의 생각을 십자가에 장사 지내는 결단을 해보십시오.

생각의 전쟁터

구원받은 사람은 구원의 투구, 즉 구원받은 생각을 해야 합니다. 여기서 구원은 전인의 구원입니다. 생각과 마음과 영혼과 몸이 구원을 받은 것입니다. 마음으로 구원받은 사람은 생각하는 것이 새로워야 합니다. 육신의 생각이 아닌 영의 생각을 해야 하고 하나님의 생각을 해야 합니다. 하나님께 우리의 생각을 복종시켜야 합니다. 그래야 마귀가 더 이상 나의 생각에 들어오지 않습니다. "그런즉 너희는 하나님께 순복할지어다 마귀를 대적하라 그리하면 너희를 피하리라" (약 4:7). 하나님께 나의 생각을 드리지 않으면 마귀가 나의 생각을 지배하게 될 것입니다.

불교에서는 마음을 비우고 빈공간의 생각을 하라고 충고합니다. 그러나 틀린 말입니다. 생각의 빈공간이 더 위험합니다. 생각을 비어 있는 공간으로 만들어 놓으면 그 자리에 사단은 열둘 더 되는 귀신들을 데리고 들어와 이전보다 더 나쁘게 됩니다. 이런 원리를 모르고 종종 사람들은 생각과 마음을 비우면 모든 것이 해결될 것이라고 생각합니다. 아닙니다. 오늘도 나의 생각에 나쁜 생각을 넣으려는 사단과 좋은 생각을 넣으려는 성령님과의 전쟁이 계속되고 있습니다. 모든 생각을 사로잡아 하나님께 복종하십시오(고후 10:2-5). 그 훈련을 지속적으로 하십시오. 성령을 좇아 사는 생각을 하면 우리 마음에 있는 나쁜 생각이 어느 순간에 사라지게 될 것입니다.

"너희는 성령을 따라 행하라 그리하면 육체의 욕심을 이루지 아니하리라" (갈 5:16).

• 잠깐 쉼터

장수비결

1. 나이가 들어도 육체적, 정신적 노동을 많이 한다.
2. 저지방, 저염식 섬유질과 항상화물질이 많이 함유된 야채와 과일을 주로 먹는다.
3. 특히 하루 60-120g의 콩을 먹는다.
4. 먹고 싶은 양의 80%만 먹는 철학을 실천한다.
5. 강한 소속감과 공동체 의식으로 긴장을 늦추지 않는다.

—미국 국립원에서 발표한 1976년 일본 오키나와의 장수노인 연구결과

건강을 위한 기본적인 생활습관 7가지

1. 충분한 휴식
2. 금연
3. 적정한 체중 유지
4. 과음을 삼갈 것
5. 주 3회 이상 운동을 할 것. 1회에 30분 이상 지속한다.
6. 아침식사를 반드시 할 것
7. 간식을 삼갈 것

—미국 태평양 연구 브래들리 윌콕스 박사

몸 04

그러므로 형제들아 내가 하나님의 모든
자비하심으로 너희를 권하노니 너희 몸을
하나님이 기뻐하시는 거룩한 산 제물로 드리라 이는
너희가 드릴 영적 예배니라

— 로마서 12:1

마음을 여는 & 대화

천재로 알려진 레오나르도 다빈치는 자신만의 건강법을 터득하여 실천했습니다. 그는 "의사들과 거리를 두십시오. 그들의 약제는 마약이나 다름없습니다. 약을 먹는 사람은 적절치 못한 행동을 하게 되지요" 라고 말했습니다. 그리고 일곱 가지 자기의 건강법을 제시했습니다.

1. 화를 낸다거나 근심 걱정을 하지 않는다.
2. 규칙적인 운동을 한다.
3. 먹고 싶을 때만 음식을 먹는다. 특히 저녁식사는 간단하게 먹는다.
4. 포도주에 물을 조금 섞어 마신다.
   물론 식사 도중이나 공복에는 절대로 마시지 않는다.
5. 간단하면서도 채식 위주의 식사를 한다.
6. 천천히 여러 번 씹는다.
7. 소화에 무리가 없도록 신경을 쓴다.

● 위의 이야기를 읽으면서 나는 나의 몸을 건강하게 하기 위해서 어떤 실천을 하고 있는지 건강법을 소개해 보십시오.

말씀이야기 나누기

로마서 12:1-13을 읽고 서로 이야기를 나누어 보십시오.

1. 구원받은 사람은 자기의 몸을 어떻게 사용해야 합니까?(1)

2. 몸이 거룩한 모습으로 변화하기 위해서 제일 먼저 해야 하는 것은 무엇입니까?(마음과 뜻, 생각)(2-3)

3. 먼저 마음과 생각의 변화를 이루어 그것에 따라 자연스럽게 우리의 삶에 변화가 일어나야 합니다. 구체적으로 어떤 모습으로 몸의 실천이 이루어져야 합니까?(4-5)

4 몸의 실천은 곧 보이는 행동으로 나타납니다. 다양한 모습으로 몸의 실천이 이루어지는데 그 모습을 말해 보십시오.(6-8)

5 바람직한 몸의 실천은 자기만을 위한 것이 아닌 공동체를 향한 것으로까지 나가야 합니다. 어떤 모습으로 공동체에 기여하는지 실천의 원리를 정리해 보십시오.(9-13)

그러므로 형제들아 내가 하나님의 모든 자비하심으로 너희를 권하노니 너희 몸을 하나님이 기뻐하시는 거룩한 산 제물로 드리라 이는 너희가 드릴 영적 예배니라

생각을 깊게 하는 대화

1_ 몸의 행동으로 나아가지 않는 생각과 마음은 죽은 것입니다. 진정한 마음과 생각의 변화는 삶으로까지 이어져야 합니다. 생각과 마음이 몸으로 어떻게 나타나야 하는지 바람직한 전인적 실천의 모습을 말해 보십시오.

2_ 우리의 몸을 드린다는 것은 마음과 생각을 담아 드리는 것을 의미합니다. 즉 마음과 뜻과 힘을 다하여 하는 것입니다. 그럼에도 이것이 하나로 통합하여 이루어지지 않고 각자 다르게 분리되어 나타나는 이유는 무엇입니까?(참고, 약 3:14-16)

3_ 우리의 몸을 "하나님이 기뻐하시는 거룩한 산 제물"로 드린다는 것과 이것이 곧 "영적 예배"라는 말의 의미를 말해보고, 아울러 서로의 관계성을 말해 보십시오.(참고, 고전 3:16-17, 10:31)

생활 속에서 실천하기

1_ 자기 자신을 위하고 죄를 위해 사용되는 몸은 이미 타락된 몸입니다. 나의 실천적 삶과 몸 중에서 아직 하나님을 위하여 사용되지 않는 것이 있으면 말해 보십시오.

2_ 나의 삶과 몸이 하나님이 기뻐하시는 거룩한 삶과 몸이 되기 위해서는 어떻게 해야 합니까?

3_ 나의 행동 중에서 말씀의 은혜를 받아서 하는 것이 있으면 말해 보십시오.

건강한 육체로 하나님께 영광을

나는 하나님의 위대하신 창조 작품입니다 하나님은 영혼뿐 아니라 육체도 창조하셨습니다. 그렇다면 영혼을 중요하게 생각하는 만큼 육신도 소중하게 생각해야 하고 잘 관리해야 합니다. 하나님의 인간 창조는 매우 놀랍고 신묘막측한 창조입니다. 예를 들면, 우리 몸은 3조 개의 세포가 유기적으로 구성되어 있습니다. 우리 몸은 매일 10억 적혈구를 만들어냅니다. 매초 200만에서 1천만의 적혈구가 죽습니다. 또 인간의 혈관의 수를 연결하면 1만 6천 킬로미터나 됩니다. 우리의 계산으로 파악할 수 없는 정교한 질서로 우리 몸의 기관이 구성되어 있습니다.

예수님의 자라감은 육체적 성장도 포함되었습니다. 예수님은 건강하셨습니다. 우리도 성령이 거하시는 몸이기에 잘 가꾸어야 합니다.

육체의 성장은 신앙에도 중요합니다. 우리는 육체를 무시하는 경향이 있습니다. 그것은 타락한 육체라는 인식에서 나온 생각입니다. 그러나 성령을 받은 그리스도인에게 육체는 귀한 것입니다. 우리의 몸은 거룩한 성전입니다. 비록 타락하여 불완전한 모습을 지니고 있다 할지라도 그 육체를 가지고 하나님께 영광을 돌리며 살아야 합니다. 사람에게 육체가 없다면 영도 없습니다. 그러므로 육체적인 부분을 무시하거나 비신앙적인 것으로 생각하는 것은 잘못된 것입니다. 주님께서 이 세상에 오셔서 육체의 질병을 치료하셨는데 이것은 복음 전파 못지않은 중요한 사역이었습니다. 주님은 많은 사람의 육체를 건강하게 해주셨습니다. 그것은 우리의 육체가 소중함을 의미합니다. 십대여! 육체를 소홀히 하지 말고 잘 관리하여 하나님의 도구로 사용되어야 합니다.

• 잠깐 쉼터

금언들

"만일 모든 사람이 한 가지 방향으로 향하고 있다면
세계는 기울어져 버릴 것이다."
—탈무드

"저는 정말 좋아하는 일을 했습니다.
제가 좋아하는 일이었기 때문에 열심히 했고
심취할 수 있었고 동고동락하는 많은 동료들을 얻을 수 있었습니다.
따라서 어떠한 성공을 원하든 진심으로 좋아하는 일을 하는 것이
최상의 선택입니다."
—빌 게이츠(1996년 자신이 성공한 이유에 대한 독점 인터뷰에서)

천생아재필유용(天生 我材 必有用)
하늘이 나를 내셨으니 반드시 어딘가 쓸모가 있다.
—당나라 시인 이백의《장진주사》에 나오는 구절

굼벵이도 구르는 재주가 있다.
—속담

강점 05

우리가 이 보배를 질그릇에 가졌으니 이는 심히 큰 능력은 하나님께 있고 우리에게 있지 아니함을 알게 하려 함이라

— 고린도후서 4:7

마음을 여는 & 대화

미국의 16대 대통령 링컨은 지금까지 위인의 선호도 조사에서 1위를 달리고 있는 인물입니다. 그러나 링컨은 많은 약점을 가지고 있었습니다. 그럼에도 그는 그 속에서 자기의 강점을 찾아 그것을 개발하여 성공했습니다.

1. 링컨은 가정 형편이 어려워 학교를 다니지 못했다.
2. 링컨은 자기를 도와줄 어머니를 일찍 잃었다.
3. 링컨은 뼈가 자꾸 자라는 병에 걸려 8개월 동안 꼼짝도 못하고 누워 지냈다.
4. 링컨은 가난하여 책을 사볼 수 없었지만 늘 빌려서 보았다. 학교를 갈 수 없었고 환경이 좋지 않았지만 달빛 아래 독학으로 공부했다.
5. 링컨은 공부에 대한 열정이 누구보다도 높았고 책을 좋아했다.
6. 링컨이 병에 걸려 하루 종일 꼼짝 못하고 누웠을 때에도 그가 할 수 있는 일은 책을 읽는 거였다. 하루 종일 명작은 물론 역사, 법학, 성경 등을 읽었다.
7. 링컨이 노예를 해방하겠다고 꿈을 꾼 것은 대통령이 되고 나서가 아니라 병상에 누워 책을 읽었을 때였다.

질문1) 링컨이 흥미를 느끼는 부분은 무엇이었습니까? 그는 그것을 어떻게 강점으로 만들었습니까?

질문 2) 링컨의 약점은 무엇입니까?

질문 3) 나의 약점과 강점은 무엇입니까?

말씀이야기 나누기

고린도후서 4:7-18을 읽고 서로 이야기를 나누어 보십시오.

1. 그리스도인도 세상 사람들처럼 질그릇같이 연약한 인간이지만 세상 사람들과 다른 강점이 있습니다. 그것이 무엇입니까?(7)

2. 보배를 가진 모든 그리스도인은 세상에서 강하고 담대하게 살아야 합니다. 어려운 세상의 삶 속에서 구체적으로 어떻게 살아야 하는지 말해 보십시오.(8-11)

3. 그리스도 안에는 어떤 강점이 있습니까? 그 강점으로 어떤 삶을 살아야 합니까?(12-15)

4 예수 그리스도의 강점을 가진 그리스도인은 무엇을 조심해야 합니까?(16)

5 우리에게 있는 질그릇과 같은 연약함과 세상에서 불어닥치는 환란을 어떻게 극복하고 역으로 활용해야 합니까?(17-18)

우리가 이 보배를 질그릇에 가졌으니 이는 심히 큰 능력은 하나님께 있고 우리에게 있지 아니함을 알게 하려 함이라

생각을 깊게 하는 대화

1_ 모든 인간에게는 하나님이 주신 위대한 강점이 있습니다. 그것을 발전시키면 누구든지 영재가 되고 성공의 사람이 됩니다. 그러나 그리스도인에게는 그들과 비교할 수 없는 큰 강점이 있습니다. 보배와 같은 예수 그리스도입니다. 아무리 세상에서 강점이 크다 해도 그리스도보다 더 큰 강점은 없습니다. 왜 예수 그리스도가 위대한 강점이 되는지 말해 보십시오.

2_ 그리스도를 뿌리로 한 나에게 주신 기능적인 은사와 영적 재능을 어떻게 발견해야 합니까? 하나님이 주신 은사(영적 재능)는 다양합니다. 구체적으로 어떤 은사들이 있는지 정리해 보십시오.(참고, 롬 12:6-8; 고전 12:4-11, 28-31; 엡 4:11-12)

3_ 각자에게 주신 강점인 은사를 개발하는 방법을 말해 보십시오. 세상은 약점을 버리고 강점만 개발하라고 말합니다. 그러나 그것은 위험합니다. 결국 강점 때문에 망하게 됩니다. 왜 그런지 이유를 말해 보십시오.(갈 2:20, 6:3, 14; 엡 2:3)
그리스도인의 강점 개발 방법은 약점을 역이용하여 강점을 더 크게 하는 것입니다. 부끄러운 약점들을 버리지 말고 연관하여 더 큰 강점으로 사용하는 데 효과적인 방안을 말해 보십시오.(참고, 고후 11:16-30, 12:1-10, 13:9)

생활 속에서 실천하기

1_ 나의 강점은 무엇인지 말해 보십시오. 약점도 함께 찾아보고 그것이 어떻게 나의 강점이 될 수 있는지 말해 보십시오.

2_ 우리에게 있는 최고의 강점은 예수 그리스도입니다. 모든 강점 개발은 예수 그리스도를 신뢰하고 경외하는 데서 극대화됩니다. 그리스도 없는 강점은 무의미합니다. 그리스도를 사랑할수록 지혜가 더해져 다니엘에게 열 배의 지혜가 더해진 것처럼 지혜가 우리에게 주어집니다(단 1:20). 나의 강점이 열 배로 자라기 위한 실천 방법을 세워 보십시오.

3_ 내 안에 있는 보배인 그리스도의 강점을 나타내기 위해서는 나 자신을 죽이는 일이 최우선입니다. 이렇게 할 때 세상의 강자들을 이길 수 있습니다. 내가 죽어야 할 부분을 찾아 말해 보십시오.

약점이 곧 강점이다

월트 휘트먼은 "사람이 어떤 분야에서 인정을 받는 것은 하찮은 재능을 고도로 연마한 결과다"라고 말했습니다.

아주 먼 옛날 이 세상에서 가장 아름다운 다이아몬드를 가진 왕이 살고 있었습니다. 그 다이아몬드는 한줄기 햇빛을 그 안에 집어넣은 것처럼 빛났습니다. 다이아몬드는 왕의 기쁨이었고 즐거움이었습니다. 어느 날 다이아몬드가 무언가에 긁혀 그만 흠집이 나고 말았습니다. 왕은 몹시 실망하여 그 나라 최고의 세공사를 불러다가 다이아몬드에 긁힌 자국을 없애고 원래의 아름다움을 복원시켜 놓으라고 명령했습니다. 그리고 다이아몬드의 아름다움을 복원시키는 자에게 큰 상까지 약속했습니다. 하지만 세공사들은 하나같이 손을 쓸 수 없었습니다. 그렇게 시간이 흘렀습니다. 왕도 거의 포기할 단계에 이르렀습니다. 그때 지혜로운 한 남자가 왕을 찾아왔습니다. 그는 왕에게 흠집이 난 다이아몬드를 예전보다 더 아름답게 만들겠다고 약속했습니다. 왕은 의심을 하면서도 그에게 보석을 맡겼습니다. 얼마 후에 그는 예전보다 훨씬 아름다운 다이아몬드를 가지고 왕에게 돌아왔습니다. 그는 뛰어난 재주를 이용해 다이아몬드에 생긴 흠집 끝은 사랑스러운 장미꽃 봉오리로 만들고 긁힌 자국은 멋진 줄기로 만들었던 것입니다.

강한 것만 나의 강점이 되는 것은 아닙니다. 약한 것도 강점이 될 수 있습니다. 세기의 위인들의 이야기를 읽어 보면 대부분 좋은 환경이 아니었습니다. 약점이 많고 실패가 많았지만 그 약점을 강점으로 만드는 힘이 있었습니다. 혹시 나에게 강점이 없다고 생각된다면 거꾸로 나의 약점에서 강점을 찾아보면 어떨까요?

• 잠깐 쉼터

인간관계의 십계명

1. 성실하고 바른 태도로 일을 이루기 위해 필요한 지식과 기술을 습득하라.
2. 웃으면서 사람에게 말하라.
3. 사람들의 이름을 불러 주라.
4. 남을 돕고 격려하며 친절한 사람이 되라.
3. 자기가 하는 일을 좋아하며 즐겁게 말하고 행동하라.
4. 상한 사람에게 관심을 가지라.
5. 칭찬에 관대하고 비판에 주의하라.
6. 남의 감정을 잘 이해하라.
7. 다른 사람에게 봉사하라.
8. 센스와 재치를 지니는 사람이 되라.

—지그 지글러

관계 06

너희는 그리스도의 몸이요 지체의 각 부분이라

— 고린도전서 12:27

마음을 여는 & 대화

인간은 홀로 존재할 수 없습니다. 인간은 사회적 동물입니다. 죄를 지으면 홀로 남게 됩니다. 혼자 숨게 됩니다. 그러나 죄를 회개하면 주변의 모든 사람과 함께합니다. 그들을 섬기고 나누게 됩니다. 거기에서 행복을 찾게 됩니다. 현재 나와 관계를 맺고 있는 주변의 것들을 찾아서 말해보고 점수를 매겨 보십시오.(좋음-1, 나쁨-2, 중간-3)

1. 영적 관계

2. 혈육 관계

3. 환경 관계

4. 이웃 관계

5. 취미와 관심 관계

6. 봉사 관계

7. 배움 관계

말씀 이야기 나누기

고린도전서 12:12-27을 읽고 서로 이야기를 나누어 보십시오.

1. 그리스도인과 교회와 그리스도와의 관계가 어떠한지 그리스도인의 정체성을 말해 보십시오.(12-14)

2. 몸의 각 기능을 잘 발휘하기 위해서 가장 중요한 요소는 므엇입니까?(15-17)

3. 잘 자라가는 건강한 사람이 되기 위해서는 몸과 각 지체가 서로 어떤 상태를 유지해야 합니까?(18-20)

4 몸과 각 지체의 성장을 방해하는 요소는 무엇입니까?(21)

5 몸과 각 지체가 잘 자라고 성장하기 위해서 꼭 지켜야 하는 원칙은 무엇입니까?(22-25)

6 하나님이 주신 은사와 우리의 강점을 극대화하기 위해서는 어떻게 해야 합니까?(26-27)

생각을 깊게 하는 대화

1_ 온전한 성장을 이루기 위해서는 혼자는 안 됩니다. 서로 관계를 잘 맺어야 합니다. 인간은 유기적인 존재요 함께 자라도록 지음을 받았습니다. 좋은 나무로 자라기 위해서는 주변의 상호관계가 잘 이루어져야 합니다. 그리스도인이 온전하게 성장하기 위해서 꼭 맺어야 할 관계는 무엇인지 말해 보십시오.(참고, 창 1:27-29; 마 22:37-40; 요일 4:20-21; 엡 2:20-22; 고전 10:23-24, 33)

2_ 하나님과 나와 이웃과 자연이 좋은 관계를 맺기 위해서 달라져야 하는 마음과 생각의 변화들을 말해 보십시오.(참고, 요 17:21-23; 롬 11:36; 엡 1:10)

3_ 사단은 하나님이 세우신 관계들을 파괴하는 주범입니다. 아담과 하와에게 그랬듯이 지금도 이런 관계를 파괴하고 분리시켜 죄를 짓게 만듭니다. 깨어진 관계를 회복할 수 있는 방안과 그것으로 얻어지는 유익을 말해 보십시오.(참고, 창 3:1-19; 엡 2:12-18, 4:15-16)

생활 속에서 실천하기

1_ 나는 현재 다음의 관계가 어느 정도 수준인지 점수를 매겨 보십시오.

1) 하나님과의 관계

2) 자신과의 관계

3) 가족과의 관계

4) 친구와의 관계

5) 이웃과 세계와의 관계

6) 자연과의 관계

7) 교회와의 관계

2_ 현재 내가 친밀한 관계를 맺지 못하고 깨진 관계가 있으면 말해보고, 왜 그런 현상이 발생했는지 이야기해 보십시오.

3_ 관계를 통하여 나의 삶에 유익이 되고 있는 점을 말해 보십시오.

시너지는 관계에서 나온다

힘은 혼자 있을 때보다 함께할 때 나옵니다. 함께하면 시너지 효과가 있습니다. 시너지(Synergy)라는 말은 syn=together(함께한다)는 말과 ergy=energy(힘)의 합성어입니다. 어느 누구도 혼자서 성공할 수 없습니다. 함께할 때 더 크게 성장합니다. 자라고 성장하려면 팀워크가 필요합니다. 함께할 때 창의적인 아이디어가 생깁니다. 함께한다는 것은 관계를 맺는다는 것을 뜻합니다. 그러면 서로 함께하는 데 있어서 중요한 것은 무엇입니까? 그것은 신뢰입니다. 믿음입니다. 믿음은 서로를 신뢰하는 것입니다. 얼마나 신뢰할 수 있느냐에 따라 관계가 달라집니다.

관계에 대한 신뢰는 약속, 진실, 공정, 일관성, 책임성에서 나옵니다. 좋은 관계를 이루기 위해서는 다른 사람의 가치를 인정해 주어야 합니다. 다양성을 인정해야 합니다. 이것은 무지개의 원리와 같습니다. 일곱 가지 다양한 색이지만 그 색이 함께 모여 무지개라는 아름다운 색을 만들어냅니다. 마찬가지로 우리는 각자의 색깔이 있습니다. 그것이 모여 하나를 이룰 때 아름다운 공동체가 됩니다. 한 가지 색깔로는 아름다움을 연출하기 어렵습니다. 다양함 속에 조화를 어떻게 이루어 가느냐가 문제입니다.

재능과 달란트를 혼자서 키울 수 없습니다. 다른 사람의 도움이 필요합니다. 관계성이 나의 재능을 키울 수 있는 중요한 요소입니다. 관계를 잘 형성하기 위해서는 신뢰를 바탕으로 하는 커뮤니케이션이 필요합니다. 의사소통이 잘 되어야 합니다. 다른 사람의 입장을 이해하고 그 사람의 자리에서 보는 훈련이 되어야 합니다.

성장하고 자라가고 싶습니까? 그러면 함께하는 법을 배우고 하나님과 다른 사람과의 관계를 소중하게 생각하십시오.

• 잠깐 쉼터

인격을 개발하기 위한 4가지 방법

1. 관계를 통하여 훈련해야 한다.
하나님과의 관계, 이웃과의 관계, 자신과의 관계를 생각하면서 나아가야 한다. 특히 하나님과의 관계는 대단히 중요하다. 인간은 자력으로 이것을 이룰 수 없다. 오직 성령의 도움으로만 가능하다.

2. 자기의 의지가 있어야 한다.
마음과 생각만 가지고는 안 된다. 성령을 따르고자 하는 나의 행동적인 결단이 있어야 한다.

3. 따르는 리더가 있어야 한다.
리더는 혼자 만들어지지 않는다. 멘토가 있어야 하고 훌륭한 모델이 있어야 한다. 얼마나 하나님께 의존하고 그분께 순종하는가에 따라 인격의 성숙도가 달라진다.

4. 작은 걸음마부터 시작하라.
아이가 엎드려 기면서 걸음마를 시작하듯이 작은 일부터 시작해야 한다. 작은 일에 충성하는 자가 나중에 많은 것을 얻게 된다.

인격 07

오직 성령의 열매는 사랑과 희락과 화평과 오래 참음과 자비와 양선과 충성과 온유와 절제니 이 같은 것을 금지할 법이 없느니라

— 갈라디아서 5:22-23

마음을 여는 & 대화

다음의 글을 읽고 물음에 답해 보십시오.

인격(character)이란 단어는 '조각하다, 새기다' 라는 의미의 그리스 동사에서 유래했다. 인격은 그 사람이 타고난 본성이 겉으로 드러난 것을 의미한다. 인격은 우리의 인성 위에 존재한다. 인성은 여섯 살 전후로 고착화되는 반면 인격은 평생 동안 갈고 닦아야 하는 것이다. 인성은 옳은 일과 거리가 있지만 인격은 옳은 일과 연관이 있다. 인격은 도덕적인 성숙을 의미한다. 희생이 따르더라도 그것을 실천하고 자기를 희생하는 것은 인격이다. 인격은 옳은 것을 아는 데 그치지 않고 그것을 행동으로 옮기는 것을 말한다. 인성은 타고나지만 인격은 개발된다. 인성에 영향을 주는 것으로는 환경과 유전자가 있다. 그러나 그것은 결정적인 것이 되지 못한다. 우리 주위에는 어려운 환경을 극복하고 위대한 리더로 성장하는 사람이 있는 반면 원하는 모든 것을 가지고 있으면서도 나중에는 추한 삶을 사는 사람도 있다. 인성 개발로는 한계가 있다. 이것이 인격으로 나아가야 한다. 인성은 부분적인 의미지만 인격은 총체적인 의미다. 인격적 존재라고 말했을 때는 윤리적인 행위의 주체로서 선과 악을 구분하며 그것을 자율적으로 판단하고 올바른 쪽을 선택하는 의미를 지니고 있다. 기질과 성격과 인격은 연관이 있지만 같은 것은 아니다.

- 성격, 기질, 본성, 인성과 인격의 서로 다른 점과 같은 점을 말해 보십시오.

- 인격적인 사람이 되기 위해서 가장 중요한 요소는 무엇이라 생각합니까?

말씀이야기 나누기

갈라디아서 5:16-24을 읽고 서로 이야기를 나누어 보십시오.

1. 성령을 따라 살면 어떤 일이 일어납니까?(16)

2. 성령의 소욕과 육체의 소욕은 서로 어떤 관계입니까?(17)

3. 인격은 인간의 힘이 아닌 성령의 인도함을 받을 때 온전하게 만들어집니다. 성령의 지배를 받으면 어떤 결과가 나타납니까?(18)

4 인격적으로 성숙되지 못한 육신적인 사람은 삶의 어떤 열매를 맺게 됩니까?(19-21)

5 성령의 인도함을 받으며 성숙된 인격에서 나타나는 삶의 열매들은 무엇입니까?(22-23)

6 인격적인 사람이 되기 위해 꼭 해결해야 할 일은 무엇입니까?(24)

오직 성령의 열매는 사랑과 희락과 화평과 오래 참음과 자비와 양선과 충성과 온유와 절제니 이 같은 것을 금지 할 법이 없느니라

생각을 깊게 하는 대화

1_ 인격은 한순간에 이룰 수 없습니다. 모든 삶을 통하여 훈련됩니다. 특히 고난을 통하여 연단되어지고 온전한 인격으로 만들어집니다. 고난이 인격을 만드는 데 어떤 역할을 하는지 말해 보십시오.(참고, 욥 23:10; 시 119:143; 벧전 4:12-14)

2_ 사역과 인격은 다릅니다. 사역을 많이 하고 성공을 이루었다고 해서 인격이 동시에 성숙되지 못합니다. 전혀 다르게 나타날 수 있습니다. 사역은 일이고 인격은 관계에서 나옵니다. 인격은 영성이고 삶의 최종 열매입니다. 사람들은 성공을 인격보다는 사역에 두는 경향이 많습니다. 그러나 인격에서 성공을 이루어야 진정한 성공이라 할 수 있습니다. 우리가 인격의 성공을 이루기 위해서 무엇을 훈련해야 합니까?(참고, 고후 7:1; 살전 5:23; 고전 9:27; 벧전 1:22-23)

3_ 인간은 성공을 보이는 일의 성취의 결과로 보지만 하나님은 보이지 않는 인격으로 봅니다. 인격은 곧 신의 성품을 이루는 것입니다. 인격의 모습들과 비인격적인 모습의 특징을 서로 비교하며 정리하십시오.(참고, 벧전 1:14-16; 고후 4:18)

생활 속에서 실천하기

1_ 인격의 다양한 모습인 성령의 열매와 비인격적인 육신의 열매 중에서 나에게 해당되는 것을 하나씩 찾아보십시오.

- 인격의 모습

- 비인격적인 모습

2_ 인격은 하나님의 형상이요 그리스도의 장성한 분량입니다. 나는 하나님의 형상을 이루기 위해 어떤 훈련을 하고 있습니까? 각자 서로 나누어 보십시오.

3_ 내가 가장 본받고 싶은 인격의 모습이나 주변 사람의 예들을 들어 보십시오.

성공자인가, 인격자인가?

영화나 소설, 드라마를 보면 한결 같은 주제가 하나 나옵니다. 그것은 대단한 권력과 부와 명예를 가졌다 해도 결국은 선한 사람이 승리한다는 것입니다. 이것은 수천 년 동안 내려오는 이야기의 동일한 주제요 변하지 않는 내용입니다. 선한 사람은 일을 성취한 사람이 아닙니다. 땅을 무력으로 정복한 힘의 사람을 선하다 말하지 않습니다. 오히려 반대입니다. 인격적인 사람과 관계가 있습니다. 선함이 없는 사람은 인격적인 사람이 아닙니다. 성공하고서도 인격적으로 인정을 받지 못한 사람이 많습니다. 인격은 강함이라기보다는 오히려 강함이 숨어 있는 약함과 관련이 있습니다. 이것은 인간의 역사에서도 동일하게 나오는 이야기로서 결국 인격이 최고의 승리임을 의미합니다.

훌륭한 인격은 오래도록 남습니다. 아무리 성공한다 할지라도 마지막에 인격적인 결함이 드러나면 아무리 대단한 성과를 이루었다 해도 무의미하게 됩니다. 그런 예가 역사적으로 수없이 많습니다.

인격이란 무엇이 옳은지를 알고 그것에 따라 행동하며 옳은 것을 사랑하고 그것을 실천에 옮기는 총체적인 모습입니다. 인격이란 일신상의 어떤 대가가 따르더라도 하나님의 기준에 따라 바른 선택을 하는 의지를 의미합니다. 이런 인격은 거저 주어지지 않습니다. 오랜 훈련으로 길들여지고 고난 속에서 연단 받음으로 인격이 달라지게 됩니다. 나는 어떤 모습을 꿈꾸고 있습니까? 한순간에 이루어지는 성공자입니까, 아니면 오랜 시간을 통하여 성숙해 가는 인격자입니까?

● 잠깐 쉼터

금언들

"삶은 봉사의 터전이다.
봉사하는 가운데 누구나 참기 어려운 고통을 받게 되지만
그보다는 얻는 기쁨이 훨씬 더 많다.
그 기쁨은 남을 위해 봉사하고 봉사를 자신의 행복보다 앞선
목표로 삼을 때 주어지는 것이다."
—톨스토이

"우리가 이 지구에 존재하는 이유는 타인에게 유익한 사람이 되기 위해서다.
그 외에 다른 이유가 있는지는 나도 잘 모르겠다."
—오든(시인)

"섬기는 자만이 사람을 움직일 수 있다."
—마더 테레사

"알렉산더, 시저, 샤를마뉴 그리고 나는 대제국을 건설했다. 그런데 우리는 무엇을 이용하여 대제국을 창조했던가? 바로 무력이다. 하지만 예수 그리스도는 사랑 위에 자기만의 제국을 건설했고 지금 이 시간에도 수많은 사람들이 그를 위해 아낌없이 목숨을 내던진다."
—나폴레옹

"좋은 일을 할 때 기분이 좋아진다."
—아브라함 링컨

섬김 08

인자가 온 것은 섬김을 받으려 함이 아니라 도리어
섬기려 하고 자기 목숨을 많은 사람의 대속물로
주려 함이니라

— 마가복음 10:45

마음을 여는 & 대화

"타인에게 봉사한다면 누구든 위대해질 수 있습니다. 봉사에는 대학 졸업장이 필요치 않습니다. 봉사하기 위해 물리학의 열역학 두 번째 이론을 알아야 할 필요가 없습니다. 오직 필요한 것은 자비로 충만한 가슴뿐입니다. 사랑으로 가득 찬 영혼 말입니다."

—마틴 루터 킹 주니어

위의 글을 읽고 나의 생각을 말해 보십시오.

섬김과 봉사를 위해서 필요한 자격조건을 말한다면 무엇입니까?

1)

2)

3)

4)

말씀이야기 나누기

마가복음 10:35-45을 읽고 서로 이야기를 나누어 보십시오.

1. 세베대의 아들 야고보와 요한은 주님에게 무엇을 구했습니까?(35-37)

2. 예수님은 두 제자가 구하는 것을 두 제자들이 잘 모른다고 지적하면서 주님과 함께 잔을 마실 수 있느냐고 물었습니다. 이때 제자들은 무엇이라 말했습니까?(38-40)

3. 두 제자의 행동에 대해 다른 제자들은 어떻게 반응했습니까?(41)

4 예수님은 제자들을 불러 세상의 리더와 비교하면서 크리스천 리더(제자)가 지녀야 할 중요한 모습을 말했는데 어떤 교훈입니까?(42-44)

5 예수님의 삶의 마지막 모습은 무엇입니까?(45)

인자가 온 것은 섬김을 받으려 함이 아니라 도리어 섬기려 하고 자기 목숨을 많은 사람의 대속물로 주려 함이니라

생각을 깊게 하는 대화

1_ 그리스도인의 최종의 모습은 섬김입니다. 모든 것은 섬기기 위해 존재합니다. 모든 것이 섬김으로 나타나지 않으면 헛된 것입니다. 재능과 성공과 인격의 열매도 섬기는 일로 결론을 맺어야 합니다. 왜 그런지 이유를 말해 보십시오.

2_ 성경의 인물들은 예수님처럼 섬김이 최종 목표였습니다. 섬김이야말로 리더십의 최고 덕목입니다. 성경의 인물들이 어떻게 섬김으로 인생을 마쳤는지 말해 보십시오.

요셉(창 20:23)

모세(신 6:1-9, 28:1-6)

사무엘(삼상 12:23-25)

바울(롬 15:30-33; 딤후 4:1-8)

요한(계 1:1-3, 22:16-21)

제자들(마 28:19-20)

예수님(요 13:12-17, 21:8-14)

3_ 섬김을 온전히 이루기 위해서는 무엇을 각오해야 합니까?(참고, 행 20:22-25; 눅 18:31-33)

생활 속에서 실천하기

1_ 나는 누구의 섬김으로 현재까지 오게 되었는지 고마운 사람들을 찾아서 말해 보십시오.

2_ 내가 앞으로 섬기고 싶은 사람은 누구이며 무엇으로 섬기고 싶습니까?

3_ 섬기는 사람이 되기 위해서 내가 평생 준비하고 훈련해야 할 사항을 말해 보십시오.

최고의 기쁨을 누리는 방법

우리의 존재 이유는 다른 사람에게 유익한 사람이 되기 위해서입니다. 유아기의 인격은 자기중심의 '나 먼저' 입니다. 인간은 본래 죄악된 본성을 가지고 있습니다. 나만을 생각하고 나만 섬겨주기를 바라는 유아기적 불완전한 인격을 극복해야 합니다.

우리는 점차 자기중심의 사람에서 타인중심의 사람으로 전환되어야 합니다. 내 신앙이 자라고 있고 인격적으로 성숙해가는 것을 무엇으로 알 수 있습니까? 그것은 다른 사람을 섬기는 일을 통해서입니다. 내가 얼마나 진심으로 다른 사람을 사랑으로 섬기고 있으며, 그 일로 인생의 의미를 느끼고 있느냐를 보면 알 수 있습니다. 섬김은 인간의 최고 가치를 드러내는 일입니다. 인생의 최고 기쁨은 무언가 많이 가질 때가 아닌 다른 사람에게 나누어 주고 섬길 때 있습니다. 그리스도인은 섬김의 사람이 되기 위해서 기도하고 말씀을 배웁니다. 섬김은 사랑입니다. 사랑은 동사입니다.

최고의 정신의학자이자 저술가인 칼 메닝거는 100년을 살았습니다. 신경쇠약에 걸린 사람들에게 한마디 조언을 해달라는 질문에 그는 이렇게 대답했다. "집을 걸어 잠그고 철로에 가서 도움을 필요로 하는 사람을 찾아보세요. 찾았다면 그를 도와주세요."

이기적인 사람은 결코 행복하지 않습니다. 남을 위해 봉사하는 사람은 모두 행복하게 살았습니다. 자기를 위해 손을 움켜쥐지 말고 다른 사람을 위해 힘껏 손을 펴 보이세요. 그 순간 나의 손은 가장 아름답게 됩니다. 비록 잔주름이 많은 거친 손이라 할지라도…….

• 잠깐 쉼터

행복을 위한 처세 원칙

기분 좋은 생활을 꾸며 보려고 생각한다면
지난 과거의 일을 자꾸 생각지 말 것
공연히 화를 내지 말 것
언제나 현재를 즐길 것
특히 남을 미워하지 말 것
미래를 하나님께 맡길 것
—괴테

09 하나님의 나라

예수께서 대답하시되 내 나라는 이 세상에 속한 것이 아니니라 만일 내 나라가 이 세상에 속한 것이었더라면 내 종들이 싸워 나로 유대인들에게 넘겨지지 않게 하였으리라 이제 내 나라는 여기에 속한 것이 아니니라

— 요한복음 18:36

마음을 여는 &대화

계곡에 사는 한 여인이 자신의 가족을 하나님이 계신 천국으로 데려가 달라고 기도했습니다. 그러자 천사가 나타나 하나님께서 응답하셨다고 하면서 그들이 떠난 후 다른 사람들이 그녀의 집에 살지 모르니까 집안을 정돈해두라고 했습니다. 그녀는 정성스럽게 집안을 정리한 뒤 "하나님, 이만하면 됐습니까?" 라고 물었습니다.

그때 천사가 나타나 아직 정원에 잡초가 많으니 정원도 깨끗이 치우라고 말했습니다. 그녀는 몇 해 동안 정원의 잡초를 뽑고 나무와 꽃들을 관리했습니다.

그녀는 "하나님, 이제 우리 가족을 하나님이 계신 곳으로 인도해 주십시오" 라고 말했습니다. 그때 천사가 나타나 고개를 가로 저으며 "문 밖에 거지가 서 있다. 네가 그를 먹일 때까지 다 이루었다고 할 수 없다" 라고 했습니다.

그래서 여인은 걸인에게 사랑을 나누어 주기 시작했습니다. 그리고 하나님께 물었습니다. "자, 이만하면 됐습니까?" 그러자 천사가 창문을 열었습니다.

여인은 밖을 보고 깜짝 놀랐습니다. 여인의 집, 바로 그 자리가 천국이었습니다. 사랑스러운 사람들과 아름다운 정원과 화목한 가정이 있었습니다. 바로 그곳이 하나님께서 살아계신 천국이었습니다.

● 우리 주변에 있는 천국을 찾아보십시오.

말씀이야기 나누기

요한복음 18:28-40을 읽고 서로 이야기를 나누어 보십시오.

1. 빌라도는 예수님을 심문하면서 무엇이라 물었습니까?(33)

2. 예수님은 어떻게 대답하셨습니까?(34)

3. 빌라도의 두 번째 질문은 무엇입니까?(35)

4 나라와 민족에 대한 빌라도의 질문에 예수님이 어떻게 대답했는지 말해 보십시오.(36)

5 예수님께서 세상의 왕과 다르게 왕이 되신 목적은 무엇입니까?(37)

6 죄를 찾지 못했음에도 빌라도와 유대인들은 결국 예수님을 죽였는데 가장 큰 이유는 무엇입니까?(38-40)

예수께서 대답하시되 내 나라는 이 세상에 속한 것이 아니니라 만일 내 나라가 이 세상에 속한 것이었더라면 내 종들이 싸워 나로 유대인들에게 넘겨지지 않게 하였으리라 이제 내 나라는 여기에 속한 것이 아니니라

생각을 깊게 하는 대화

1_ 예수님은 유대인의 왕이면서 인류의 왕으로 세상에 오셨습니다. 예수님이 꿈꾸는 나라와 사람들이 꿈꾸는 나라는 달랐습니다. 예수님이 생각하신 하나님의 나라를 이해하지 못하다 보니 예수님을 십자가에 죽였습니다. 예수님이 말씀하시는 하나님의 나라는 어떤 나라입니까? 세상의 나라와 비교하면서 말해 보십시오.(참고, 막 1:14-15; 마 6:33; 행 1:6-7; 롬 14:17)

2_ 아브라함의 믿음을 이어가는 그리스도인들은 믿음의 선진들이 행했던 것처럼 이 세상에서 무엇을 바라보고 살아야 합니까?(참고, 히 11:9-10; 고후 4:16-18)

3_ 세상을 살아가는 그리스도인들이 지향해야 할 목표는 하나님의 나라 건설입니다. 우리가 가진 모든 것은 하나님의 나라를 위해 사용되어야 합니다. 그리스도인이 이 땅에서 이루어야 할 하나님 나라의 모습을 말해 보십시오.(참고, 벧전 2:9-10; 마 5:1-16, 6:9-10, 26:51-56)

생활 속에서 실천하기

1_ 나는 지금 무엇을 위해 살아가고 있으며 앞으로 무엇을 위해 성공하며 성취하고 싶습니까? 나의 나라입니까, 하나님의 나라입니까?

2_ 세상 나라 건설을 위해서 일하는 사람들과 하나님 나라를 위해 사는 사람들의 예를 찾아서 말해보고 그것에 대한 교훈을 이야기해 보십시오.

3_ 보이는 세상에서 보이지 않는 하나님의 나라를 품고 살아가는 나에게 필요한 믿음의 자세를 말해 보십시오.

마음에서 천국이 시작되어야

존 록펠러의 인생은 거침이 없었습니다. 30세에 1백만 달러를 모았고, 43세에는 미국 최대의 정유회사를 세웠습니다. 53세에는 세계에서 가장 많은 돈을 가진 대부호가 되었습니다. 그때 그는 알로페시아(Alopecia)라는 병에 걸렸습니다. 음식을 전혀 소화해내지 못했으며, 눈썹과 머리카락이 빠져 몰골이 흉측했습니다. 이제 남은 삶은 고작 1년. 그는 온종일 우울한 얼굴로 창밖을 응시하며 죽음을 기다리고 있었습니다. 창가에서 성경을 읽던 록펠러는 한 곳에 시선이 멈추었습니다. 디모데전서 6장 10절. "돈을 사랑함이 일만 악의 뿌리가 되나니……." 그는 이 말씀에 깨달음을 얻어 자신이 가진 많은 재물을 교회와 구호단체에 내놓았습니다. 그대부터 놀랍게 건강이 회복돼 그는 98세까지 살았습니다. 욕심의 자물쇠로 마음의 문을 닫으면 기쁨과 건강을 잃어버립니다. 그러나 이웃을 위해 사랑을 베풀면 건강과 행복을 선물로 얻게 됩니다.

천국은 보이지 않는 마음에서 시작됩니다. 다른 곳이 천국이 되어도 마음의 천국을 이루지 못하면 그것은 진정한 천국이 아닙니다. 주님 때문에 마음의 자유와 평화를 누릴 수 있다면 그는 천국을 소유한 사람입니다. 마음에 욕심을 품으면 천국은 사라집니다. 그러나 마음에 평화와 사랑을 가지고 있으면 우리가 사는 모든 곳은 천국이 됩니다.

천국의 마음을 가지고 우리가 사는 세상을 천국으로 만들어야 합니다. 더 많이 소유하기 위해 남의 것을 빼앗고 욕심을 부리면서 성취하는 나라는 하나님의 나라가 아닙니다. 그런 나라는 오래 가지 않습니다. 영원한 하나님의 나라에서 누리게 될 모습을 지금 사는 이곳에서 이루어간다면 얼마나 좋을까요?

• 잠깐 쉼터

미켈란젤로의 좌우명

미켈란젤로는 마음먹은 대로 손을 부단히 쓰면 그 어떤 형상도 대리석에 새길 수 있다고 생각했다. 그는 진정 지칠 줄 모르는 노력가였다.

다른 사람들보다 많은 시간을 일에 집중할 수 있었던 것도 모두 근검한 생활습관 덕분으로 여겼다. 거의 하루를 빵 조각 하나와 포도주로 버티며 작업했고, 한밤중에도 종종 일어나 일을 했다. 밤에는 촛불을 밝혀 그 불빛으로 작업했다. 그리고 너무 피곤해 옷을 입은 채 잠이 들었다가 벌떡 일어나 일을 시작하곤 했다.

그가 아끼는 물건 중에는 손수레로 모래시계를 끌고 있는 노인의 조각상이 있는데 거기에는 이런 글귀가 새겨져 있다.

"아직 난 배우고 있다."

평생수업 10

곧 너와 네 아들과 네 손자들이 평생에
네 하나님 여호와를 경외하며 내가 너희에게 명한
그 모든 규례와 명령을 지키게 하기 위한 것이며
또 네 날을 장구하게 하기 위한 것이라

— 신명기 6:2

마음을 여는 & 대화

탈무드에서 말하는 남자의 일곱 단계입니다.

1단계_ 한 살은 임금님 : 모든 사람들이 임금님을 모시듯이 달래거나 얼러서 비위를 맞춰 준다.

2단계_ 두 살은 돼지 : 진흙탕 속을 마구 뒹군다.

3단계_ 열 살은 새끼 양 : 웃고 떠들고 마음껏 뛰어다닌다.

4단계_ 열여덟 살은 말 : 다 자랐기 때문에 자기 힘을 자랑하고 싶어한다.

5단계_ 결혼하면 당나귀 : 가정이라는 무거운 짐을 지고 힘겹게 끌고 가야 한다.

6단계_ 중년은 개 : 가족을 먹여 살리기 위하여 사람들의 호의를 개처럼 구걸한다.

7단계_ 노년은 원숭이 : 어린아이와 똑같아지지만 아무도 관심을 가져주지 않는다.

- 위 글을 읽고 동의하는 부분을 중심으로 나의 생각을 말해 보십시오.

말씀이야기 나누기

신명기 6:1-15을 읽고 서로 이야기를 나누어 보십시오.

1. 이스라엘 백성이 가나안 땅에 들어가서 꼭 해야 할 일은 무엇입니까?(1)

2. 이것은 누가, 언제까지, 무엇을, 왜 해야 합니까?(2)

3. 이스라엘이 이 원리를 잘 행하면 어떤 결과가 주어집니까?(3)

4 이스라엘 백성들이 구체적으로 해야 할 교육의 내용은 무엇입니까?(4-5)

5 교육의 방법은 무엇입니까?(6-9)

6 이런 교육이 가나안 땅에 들어가는 데 주는 의미는 무엇입니까?(10-15)

곧 너와 네 아들과 네 손자들이 평생에
네 하나님 여호와를 경외하며 내가 너희에게 명한 그 모든 규례와 명령을 지
하기 위한 것이며 또 네 날을 장구하게 하기 위한 것이라

생각을 깊게 하는 대화

1_ 하나님과 이스라엘 백성은 언약의 관계입니다. 왜 이스라엘이 하나님의 명령과 법도를 지켜야 합니까? 하나님의 축복은 언제나 명령을 지켰을 때 주어집니다. 그 이유는 무엇입니까?(참고, 신 4:8, 6:25)

2_ 그리스도인은 평생 하나님을 경외해야 합니다. 아울러 이것은 나로 끝나는 것이 아닌 자손 대대로 물려주어야 할 최고의 유산입니다. 하나님의 나라가 완성되기까지 계속되어야 합니다. 우리에게 영원한 하나님의 나라 건설이 중요한 이유는 무엇입니까? 하나님을 사랑하고 경외하게 하기 위한 효과적이며 구체적인 방법은 무엇입니까?

3_ 교육은 하나님의 일을 기억하게 하는 일입니다. 잊어버리지 않기 위해서는 평생 동안 교육받아야 합니다. 인간이 하나님을 경외하는 것을 잊어버리면 어떤 결과가 옵니까? 이스라엘은 이런 하나님의 경고를 잊어버리고 교육을 제대로 하지 못했습니다. 그 결과가 어떠했는지 말해 보십시오.(참고, 삿 2:10; 왕하 17:34-41)

생활 속에서 실천하기

1_ 교육을 하다가 그만두면 어떻게 됩니까? 나는 성경 배우는 일을 계속 하고 있습니까? 평생 동안 나만의 교육과정을 가지고 있습니까?

2_ 나는 하나님의 말씀을 어떻게 배우고 있고 자손들에게 전수하고 있는지 말해 보십시오.

3_ 성경을 교육하는 것은 하나님의 일을 기억하기 위함입니다. 하나님이 하신 일을 기억하면서 은혜를 받게 되는데 그동안 성경을 공부하면서 은혜 받았던 것이 있으면 말해 보십시오.

배우는 자에게는 실패가 없다

우리는 학교를 졸업하면 그 후론 공부를 하지 않으려 합니다. 그러나 인생 공부는 학교를 졸업하는 순간부터 다시 시작하는 것입니다. 인생을 사는 동안 평생 공부해야 합니다. 유대인에게는 예시바 학교가 있습니다. 1학년생을 '현자' 라고 부릅니다. 2학년생은 '철학자' 라고 부릅니다. 3학년은 '학생' 이라고 부릅니다. 겸손하게 남에게 배우기를 그치지 않는 자가 가장 지위가 높다는 것을 말하기 위함입니다. 그런데 우리나라 교육은 거꾸로 되어 있습니다. 학생으로 시작했다가 나중에는 공부를 마치는 선생이나 교수로 끝나는 것으로 이해를 합니다. 우리는 살면서 끝까지 학생이 되어야 합니다. 나이가 많으면 배우려는 의지가 약해집니다. 배움으로써 젊음을 되찾을 수 있습니다. 학문에는 왕도가 없고 배움은 끝이 없습니다.

교육은 인간의 전 생애 속에서 이루어져야 합니다. 진정한 인간을 만드는 교육이라면 인간의 전 삶의 과정을 이해하고 그것을 돕는 교육이 되어야 합니다. 태아에서부터 죽음에 이르기까지 계속되는 전 과정을 학교로 명명하는 것이 바람직합니다. 즉 인생학교와 같은 개념입니다.

유대인 격언 "태양은 너희 없어도 뜨고 진다" 는 말이 있습니다. 인간의 교만함을 지적한 말입니다. 배우기를 그만두는 사람은 이미 교만한 사람입니다. 평생 배우는 자세로 나아간다면 결코 쓰러지거나 낙담하는 일은 없을 것입니다. 하나님이 인간을 맨 나중에 만든 것은 자만심을 경고하기 위해서입니다. 하찮은 벌레라도 인간보다 먼저 지어졌습니다. 이것은 인간이 자만심을 갖지 않게 하기 위해서입니다. 하나님 앞에 늘 겸손한 자세로, 평생 배우는 자세로 살아간다면 얼마나 좋을까요? 배우는 자에게는 실패가 없습니다. 아직도 배우는 중이니까요.

저자 이대희 목사

장로회신학대학교 신학대학원(M.Div)과 연세대학교 연합신학대학원(Th. M)을 졸업하고 예장총회교육부 연구원과 서울장신대학교 신학과 교수를 역임했다. 서울극동방송국에서 '초신자성경공부' 를 인도했으며, 지난 20여 년 동안 성서사람 · 성서교회 · 성서한국 · 성서나라의 네 가지 모토를 갖고 한국적 성경연구 사역을 위해 힘쓰고 있다. 현재 바이블미션 대표이자 '꿈을주는교회' 담임목사로 사역 중이며, 서울장신대학교 겸임교수(성경연구)로 재직하고 있다.
저서로 『30분성경공부』 『투데이성경공부』 『아름다운 십대 성경공부』 『이야기대화식 성경연구』 『그리스도인이 꼭 알아야 할 신앙생활 100문 100답』 『심방설교 이렇게 준비하라』 『하나님에 관한 질문 83가지』 『꿈을 키우는 10대 크리스천을 위한 52가지』 『예수님은 어떻게 교육하셨을까』 『1%의 가능성을 희망으로 바꾼 사람들』 등 90여 권이 있다.

인생수업

초판1쇄 발행일 | 2007년 1월 20일

지은이 | 이대희
펴낸이 | 박종태
펴낸곳 | 엔크리스토
관리 | 양성규, 이태경, 맹정애, 강지선
마케팅 | 정문구, 강한덕

출판등록 | 2004년 12월 8일(제2004-116호)
주　소 | (411-817) 경기도 고양시 일산구 백석동 1309-1 효성레제스 오피스텔 1117호
전　화 | (031) 907-0696
팩　스 | (031) 905-3927
이메일 | visionbooks@hanmail.net
공급처 | 비전북 전화 (031) 907-3927 팩스 (031) 905-3927

ISBN 978-89-92027-21-2 04230
89-89437-58-X(세트)

값 2,800원

● 잘못된 책은 바꾸어 드립니다.
● 이 교재의 사용 방법, 내용, 훈련, 세미나에 대한 문의는 바이블미션(02-403-0196)으로 해주시면 최선을 다해 도와드리겠습니다.